つくってみよう！ WASHOKU BENTO 和食弁当

監修：服部栄養料理研究会　料理指導：一枚田清行　編：こどもくらぶ

野菜のお弁当

六耀社

はじめに

遠足のお弁当、運動会のお弁当、ピクニック弁当、お花見弁当、列車のなかでの駅弁など、わたしたち日本人はいろんな場面で、お弁当がかかせませんね。
お弁当のふたをあけるときのわくわく感を経験したことのある人は、多いのではないでしょうか。
でも、そんな身近なお弁当が、日本独特の食文化だと知っていますか？

◆

そもそも「弁当」とは、持ち運びができるようにした食事のことです。
家でつくる「手づくり弁当」と、商品として売られる「市販弁当（買い弁）」の2種類があります。
「市販弁当」は、近年海外でも「BENTO」として、日本の弁当箱とともに普及してきました。
とくに2013年、「和食」がユネスコの無形文化遺産に登録されてからは、
「WASHOKU」とともに「BENTO」も海外で通じる言葉になりました。

◆

海外にも、「テイクアウト（持ち帰り）」用として容器につめた食事はありますが、
それらと日本のお弁当とのちがいは、食べる人のことを思いやる心がつまっていることだといわれています。
これはお弁当が、日本が海外にほこる独特の食文化だという、大きな理由です。

◆

たとえば、日本のお弁当は、とってもカラフル！　ミニトマト（赤）、ブロッコリー（緑）、たまご（黄色）、ロースハム（ピンク）、ハンバーグ（茶色）などが、いろどりよくおさめられています。
これは、お弁当のふたをあけた人によろこんでほしいと、つくる人が考えているからです。
でも、いろどりゆたかにする理由は、見た目のよさや、おいしさだけではありません。
いろどりよくすることで、栄養素のバランスがよくなるのです。

もくじ

- ナスとピーマンのみそいため弁当 …… 4
- いろいろ試そう！　たまごのおかず …… 6
- デザートも入れてみよう …… 7
- 大根と手羽先の煮もの弁当 …… 8
- かざり切りにちょうせん！ …… 10
- 栄養素のバランスってどう取るの？ …… 11
- ロール白菜弁当 …… 12
- 漬けものをそえてみよう …… 14
- 汁気があるものをお弁当に入れるには？ …… 15
- レンコンのはさみ揚げ弁当 …… 16
- 栄養豊富！　豆のおかず …… 18
- ちょっとごうかにしてみよう！ …… 19
- 筑前煮弁当 …… 20
- ごはんの形を工夫してみよう …… 22
- きれいにもりつけるコツ …… 23
- アスパラガスの肉巻き弁当 …… 24
- 新じゃがとベーコンの煮もの弁当 …… 26
- ●「お弁当箱屋さん」を見てみよう …… 28
- ●野菜の切り方 …… 30
- さくいん …… 31

このシリーズは、3人の一流料理人が、
「WASHOKU・BENTO」のすばらしさをしょうかいします。
しかも、いろどりの「見本」や、栄養素のバランスの取り方などのポイントをしめすことで、
読者のみなさんが自分でつくりやすいようにしていますよ。
それでいて、本格的な「WASHOKU・BENTO」なのです。

 　杉浦仁志先生の 肉のお弁当　　西澤辰男先生の 魚のお弁当　　一枚田清行先生の 野菜のお弁当

小学生のみなさんは、学校では給食という人が多いですが、
家族で出かけるときなど、さまざまな機会に、「WASHOKU・BENTO」にちょうせんしてみてください。
お弁当箱へのもりつけは、食べる人の顔を思いうかべながら、たのしんでやりましょう。
そうした願いから、このシリーズでは、子ども向け、大人向けなどと、
もりつけの例も提案していますよ。ほかにも、つぎのような特徴があります。

◆

お弁当の写真を　　主菜（メインのおかず）の　　メインのおかずにあわせて　　副菜をえらぶときの
大きくしょうかい　　つくり方を基本にしょうかい　　副菜をいくつもしょうかい　　ポイントをしょうかい

さあ、WASHOKU・BENTO にちょうせん！

この本の見方

写真のお弁当の中身。
太字は主菜（メインのおかず）

主菜のつくり方

副菜などのバリエーションをしょうかい

知っておくと便利な情報

お弁当に関連したさまざまな"コツ"をしょうかいするコラム

栄養素などに関するアドバイス

プロの料理人からのアドバイス

※「→p●」は、参照先のページをしめす。「→肉の巻」は肉のお弁当の巻を、「→魚の巻」は魚のお弁当の巻をしめす。

計量の基準　　※1カップ=200mL　大さじ1=15mL　小さじ1=5mL
※材料に出てくる「ひとつまみ」は、親指、ひとさし指、中指の3本で軽くつまんだくらいの量をさす。

ごはんにあう ナスと

お弁当こんだて例

ナスとピーマンの
みそいため

うめぼしごはん

水菜と油揚げのいためもの

味つけたまご（→p6）

つぼ漬け

ミニトマト

キャンディチーズ

栄養ワンポイント ナスの皮にふくまれるナスニンという成分は、血液をきれいにする効果があります。水にとけやすいで

ピーマンのみそいため弁当

にんにくとしょうがの香りが、食欲をそそるいためものだよ。
サッとつくれるので、お弁当にぴったり！

ナスとピーマンのみそいためのつくり方

材料（2人分）

- ナス ……… 200g（中2本くらい）
- ピーマン ……………………… 1個
- ぶたもも肉（うす切り）…… 100g
- ★しお ……………… ひとつまみ
- ★こしょう ………… ひとふり
- ★酒 …………………… 大さじ1/2
- にんにく（うす切り）… 1/2片
- しょうが（うす切り）… 2枚
- ごま油 ………………… 大さじ1
- ◇みそ …………… 大さじ1と1/2
- ◇さとう ………… 大さじ1と1/2
- ◇とりがらスープ* …… 100mL
- ◇しょうゆ …………… 小さじ2
- ◇酒 …………………… 大さじ1
- 片栗粉 ……………… 大さじ1/2
- 水 …………………… 大さじ1/2

*市販のとりがらスープの素を、指示どおりに水でうすめたもの。

1 ナスのへたを切りおとし、たて半分に切る。皮に切りこみを入れて、食べやすい大きさに切る。ピーマンの種を取り、一口大に切る。

ナスの切りこみ

2 ぶたもも肉を一口大に切り、★を加えてもみこむ。

3 ◇をあわせる。

4 フライパンにごま油をひき、にんにくとしょうがをいためる。香りが出たら、ぶたもも肉、ナス、ピーマンを加える。

5 だいたい火が通ったら、**3**を加える。最後に水でといた片栗粉を入れてまぜ、とろみがつくまで煮つめる。

片栗粉を入れるときは、フライパンをいったん火からおろしてね。とろみがつくと、味がからんでおいしくなるよ。

すが、油で軽くいためてから調理すると、とけだすのをふせぐことができます。

いろいろ試そう！　たまごのおかず

たまごは、焼く、いためる、ゆでるなど、調理の仕方が豊富。
たまご焼きやオムレツに入れる具を、自分で工夫してみてもいいですね。

のり入りたまご焼き

たまごをといて、しおやだしなどで味をつけたものをうすく焼き、のりをのせて、はじからクルクルと巻いていく。たまご焼きのくわしいつくり方は、「肉のお弁当」の巻参照。

のりではなくミックスベジタブルを入れて焼くと、カラフルなたまご焼きになるよ。

野菜入りオムレツ

小さく切ったパプリカ、ピーマン、ハムをフライパンで軽くいため、一度取りだす。たまごをといて、フライパンに流しいれ、かきまぜながら火を通す。半熟になったら、具をのせてつつみこむ。

ベーコンやツナ、チーズを具にしてもおいしいよ！

ブロッコリーとトマトのいりたまご

たまごをといてフライパンでいため、一度取りだす。おなじフライパンでトマトとしおゆで＊したブロッコリーをいため、たまごをフライパンにもどし、しお、こしょうで味つけする。

味つけたまご

からをむいたゆでたまご（つくり方は右を参照）を、しょうゆ、酒、みりんをまぜた汁に6時間くらいつける。

＊ふっとうした湯にしおをひとつまみ入れ、材料をゆでること。

栄養ワンポイント　たまごのたんぱく質には、体内でつくることができない必須アミノ酸がふくまれています。たまごは理想的な完全食品（栄養価の高い食べもの）です。

デザートも入れてみよう

食後のデザートがあると、お弁当の時間がもっとたのしみになりますね。味やにおいがうつらないよう、べつの容器に入れてもっていきましょう。

ゆでたまごをじょうずにつくろう！

ゆでたまごのつくり方をしょうかいします。ゆでたまごは半熟だとくさりやすいので、お弁当に入れる場合は、かたゆでがおすすめです。

1 たまごを冷蔵庫から取りだし、常温にもどす。
2 水をたっぷり入れたなべにたまごをそっと入れ、火にかける。
3 ふっとうしたら中火にし、ときどき転がしながら、11〜12分ゆでる。
4 湯から上げ、流水をあてて冷やす。さめたらからをむく。

このゆで時間はかたゆでの場合。半熟にしたいときは、ふっとうしてからのゆで時間を4〜5分にしよう。

果物

果物はビタミンCなどのビタミン類が豊富。あざやかな色のものが多いので、お弁当のいろどりにもなる。口のなかをさっぱりさせる効果もある。

ゼリー

一口大のゼリーは、手軽にもっていけてべんりなデザート。あつい時期は、こおらせて、保冷剤がわりにもっていくのもよい。

フルーツジュレ

ゼリーをくだいて、ブドウ、イチゴなどの果物とあえる。かんたんだけれど、おしゃれなデザートに。

お弁当こんだて例
大根と手羽先の煮もの
ごましおおにぎり
タコウィンナー(→p10)
ニンジングラッセ(→肉の巻)
たくあん(→p14)
キュウリの浅漬け(→p15)

しょうゆの香りがポイント

大根と手羽先の煮もの弁当

しょうゆ味でやわらかく煮こんだ大根と手羽先。
肉のうまみが大根にしみこんでおいしいよ。

栄養ワンポイント　大根は、ビタミンCが豊富です。ジアスターゼという消化酵素もふくまれていて、胃にやさしい野菜

大根と手羽先の煮もののつくり方

材料（2人分）

大根	1/4本
とりの手羽先	4本
しょうゆ ①	大さじ1
酒	大さじ1
サラダ油	大さじ1
★水	300mL
★酒	大さじ2
★さとう	大さじ3
しょうゆ ②	大さじ3
きぬさや	4枚

1. 大根を厚さ1cmのいちょう切り（→p30）にし、米のとぎ汁で、大根が半透明になるまでゆでる。

   米のとぎ汁で、大根のアクやくさみがぬけるよ。大根は、とぎ汁がふっとうしてから入れよう。

2. とりの手羽先をボウルに入れ、しょうゆ①、酒を加えてまぜる。15分ほどおく。

3. きぬさやはすじを取り、軽くしおゆで*し、冷水につける。さめたら水気をふきとる。
   * ふっとうした湯にしおをひとつまみ入れ、材料をゆでること。

4. なべにサラダ油をひき、❷を入れて両面がきつね色になるまで中火で焼く。

5. ❶でゆでた大根を加え、全体に油がまわるようにいためる。★を加えて強火にする。

6. ふっとうしたら中火にもどし、煮汁が半分になるまで煮る。

   かきまぜると大根がくずれやすいので、なべをゆする程度でOK。

7. しょうゆ②を加え、さらに煮汁が半分になるまで煮つめる。

8. 最後に❸のきぬさやをちらす。

お弁当にはなるべく煮汁を切って入れてね。

かざり切りにちょうせん！

食材をいろいろな形に切る「かざり切り」を、ウィンナー、ハム、ゆでたまごでちょうせんしてみましょう。野菜やかまぼこのかざり切りは、「肉のお弁当」の巻でしょうかいしています。

タコウィンナー

①ウィンナーを図のように切る。②フライパンで焼き、タコの「あし」がひらいてきたら取りだし、③ごまで目をつける。

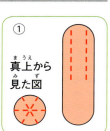
真上から見た図

カニウィンナー

①ウィンナーをたて半分に切り、②図のように切りこみを入れ、③フライパンで焼く。

ハムのバラ

①ハムを図のように3つに切り、②まんなかをきつめに巻く。③外側の2つを②に巻きつけて、つまようじをさしてとめる。

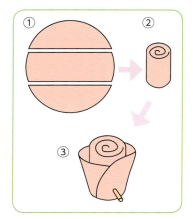

ハムの花

①ハムを半分に折って、図のように切りこみを入れ、②くるっと巻いてつまようじをさしてとめる。

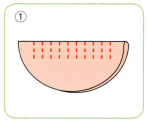

ゆでたまごひよこ

①からをむいたゆでたまごに包丁の先をジグザグにさしこみ、白身だけを図のように切っていく。②上側の白身を外し、ぼうしのようにかぶせ、③ごまで目を、スライスチーズでくちばしをつける。

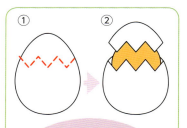

黄身がひよこの頭になるので、たまごはかためにゆでよう。切るときは、果物ナイフのような、小さめの包丁をつかうといいよ。手を切らないように気をつけよう。

栄養素のバランスってどう取るの？

お弁当でもふだんの食事でも、
必要な栄養素をバランスよくとることは、とてもたいせつです。
「3色のお皿」で考えるとわかりやすいですよ。

「3色のお皿」って？

「3色のお皿」とは、「3色のお皿」の食べものをまんべんなく食べると、バランスよく栄養素がとれるという考え方のこと。ただし、ここでいう「色」とは、ニンジンは赤といった、見た目の色のことではない。たんぱく質をおもにふくみ、血や肉など体の組織をつくる食品を「赤」、エネルギー源になる炭水化物や脂質をふくむ食品を「黄色」、ビタミンやミネラルをおもにふくみ、体の調子をととのえる食品を「緑」のお皿とよんでいる。お弁当をつくるときにも、「3色のお皿」がバランスよくふくまれるよう、気をつけるとよい。

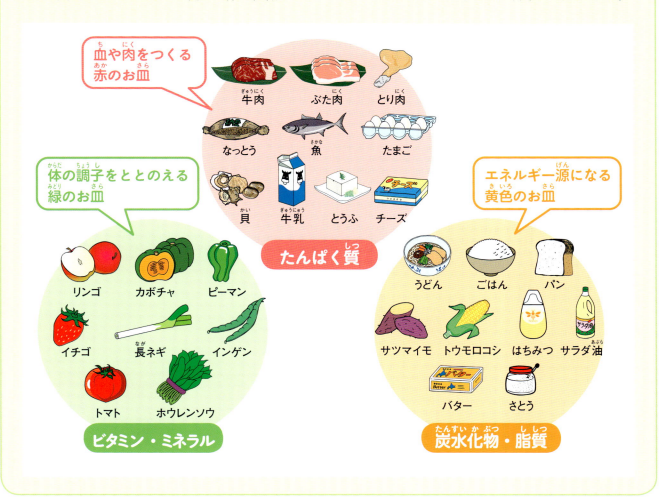

大根と手羽先の煮もの弁当

ロール白菜弁当

白菜やわらか

ひき肉を白菜で巻いて煮こんだおかず。
みそ風味のやさしい味に仕上げたよ。

ロール白菜弁当のつくり方

材料（2人分）

- 白菜 ……………… 4枚
- とりひき肉 ……… 200g
- ★ときたまご …… 1/2個分
- ★しお …………… ひとつまみ
- ★こしょう ……… ひとふり
- ★しょうゆ ……… 小さじ1/4
- ★みりん ………… 小さじ1/4
- ★酒 ……………… 小さじ1/4
- ★長ネギ（みじん切り） …… 大さじ1
- ★しょうが（すりおろし） …… 小さじ1
- かんぴょう ……… 1本
- だし* …………… 600mL
- 酒① ……………… 大さじ3
- ◇みそ …………… 100g
- ◇酒② …………… 大さじ2
- ◇さとう ………… 大さじ3
- ◇水 ……………… 200mL

＊なんのだしでもよい。カツオ節とコンブで取る「一番だし」の取り方は「魚のお弁当」の巻を参照。

1 白菜をしおゆで*し、芯が半透明になったら、冷水につける。

＊ふっとうした湯にしおをひとつまみ入れ、材料をゆでること。

2 とりひき肉に★を加えてまぜる。

3 巻きすに白菜をひろげ、❷を中心において巻く。くずれないように、かんぴょうで何か所か結ぶ。なべに入る大きさに切る。

かんぴょうは乾燥した状態で売られていて、水でもどしてからつかうよ。かんぴょうで巻くかわりに、つまようじで巻きおわりをとめてもいいよ。

巻きす

栄養ワンポイント 白菜は96％が水分で、体内の余分な熱を取りのぞく作用があります。ビタミンCもふくまれていて、引

4 なべにだし、酒 1、3を入れ、5〜6分煮る。

5 ◇をあわせる。

6 なべに5を加え、おとしぶたをして、とろみがつくまで煮る。

写真のお弁当では、ゆでたニンジン、インゲン、シメジをいっしょにもりつけたよ。

おとしぶたをすると、煮汁が全体にいきわたり、煮くずれしにくくなる。アルミホイルをなべの形にあわせて折り、まんなかにあなをあけると、おとしぶたとしてつかえる。

ロール白菜弁当

お弁当こんだて例
- ロール白菜
- 山菜おこわ
- イカフライ
- 筑前煮（→p20）
- きんぴらゴボウ
- ブロッコリー

きはじめのカゼに効果的です。

漬けものをそえてみよう

食材をしおやみそ、酒かすなどに漬けこんだ漬けものは、
白いごはんによくあいます。
いろいろな種類が市販されていますが、自分でつくれるものもありますよ。

たくあん

ほした大根をぬかとしおなどで漬けた、日本の代表的な漬けもの。

たくあんは、千切りにしてごまとあえてもおいしいよ！

しば漬け

きざんだナスやキュウリなどに赤シソの葉を加え、しお漬けにしたもの。もともとは京都や大阪の名産品だったが、今では全国的に食べられている。

キャベツのしおコンブあえ

キャベツをしおコンブであえたもの。つくり方は右上を参照。

ごま油を加えると、香りが出てさらにおいしくなるよ！

ミニレシピ　キャベツのしおコンブあえ

材料（2人分）
- キャベツ……1枚
- しおコンブ……5g

つくり方
1. キャベツを一口大にちぎり、しおコンブといっしょにビニール袋に入れる。
2. ビニール袋をもみ、出てきた水気を切る。

「はしやすめ」って？

食事のとちゅうに、口をさっぱりさせたり、気分をかえたりする効果がある、ちょっとしたおかずのことを、「はしやすめ」といいます。漬けもの、酢のものやあえものなどがはしやすめになります。お弁当にも、はしやすめのおかずが1品あるとよいですね。

汁気があるものをお弁当に入れるには？

ロール白菜のように汁気の多いおかずは、お弁当の汁もれや、味うつりをまねくことがあります。そうならないコツをしょうかいしましょう。

●**煮つめる**
煮ものの場合、なるべく煮つめて汁気を飛ばすとよい。上の写真は、p12のロール白菜をさらに煮つめて、汁をへらしてからお弁当箱につめている。

●**汁気を切って入れる**
茶こしなどでおかずの汁気を切ってから、お弁当に入れる。

●**仕切りをつける**
アルミホイルや食品ラップで仕切りをつくったり、おかずカップを利用するなどして、汁がこぼれないようにする。

●**汁気をすうものをかける**
おひたしには、カツオ節、すりごまなどをかけて、汁気をすわせるとよい。

●**密閉容器をつかう**
ふたにゴムがついていて、ぴったりとしまる容器があれば、汁がもれないので、汁気の多いおかずだけでなく、スープもお弁当にもっていくことができる。保温・保冷ができるスープ容器もある。

ロール白菜弁当

浅漬けは、ナス、ミョウガ、セロリなどいろいろな野菜でつくれるよ。

キュウリの浅漬け

「浅漬け」は、短い時間しおで漬けた漬けもののこと。つくり方は下を参照。

ミニレシピ キュウリの浅漬け

材料（2人分）
- キュウリ……1本
- しょうが……2g
- しお……小さじ2

つくり方
1. キュウリをうすい輪切りに、しょうがを千切りにする。
2. ビニール袋に1を入れ、しおを加えてもみこむ。キュウリがしんなりしたら、水気を切る。味見してしおからいようなら水であらう。

レンコンのはさみ揚げ弁当

エビがプリプリ

エビのすり身をたっぷりはさんだレンコンを天ぷらにしたよ。
レンコンとエビの食感のちがいがたのしいね。

お弁当こんだて例

- **レンコンのはさみ揚げ**
- ちらしずし
- たまご焼き（→肉の巻）
- サツマイモのレモン煮（→魚の巻）
- ホウレンソウのごまあえ
- パプリカとピーマンのソテー

栄養ワンポイント レンコンには、血管や組織を収縮させる作用があるため、止血に効果があります。これは、レンコンに

レンコンのはさみ揚げのつくり方

材料（2人分）

レンコン……………150g	★卵白（たまごの白身）	水……………100mL
エビ………………100g	……………1/2個分	薄力粉………3/4カップ
★しお………小さじ1/2	片栗粉……………適量*	サラダ油
★みりん………小さじ1	ときたまご………1個分	*レンコンの片面にまぶせる程度。

1 レンコンは皮をむき、厚さ5mmの輪切り（→p30）にして水にさらす。

2 エビの背わたを取り、からをむく。フードプロセッサーにエビと★を入れ、すり身にする。

背わたの取り方

フードプロセッサーがない場合は、エビを包丁の刃でたたいてつぶしてから、★をまぜてもいいよ。

3 1のレンコンの水気をふきとり、片面に片栗粉をうすくつけて2をはさむ。

たまごと水をまぜてから、薄力粉を入れてね。薄力粉を入れたら、軽くまぜるだけでOK！

4 ときたまご、水、薄力粉をまぜて衣をつくる。3に衣をつけて170℃のサラダ油で4〜5分揚げる*。

*油の温度のはかり方は、「肉のお弁当」の巻を参照。

ふくまれるタンニンのはたらきです。肌のしっしんやかぶれも改善します。

栄養豊富！ 豆のおかず

豆類は、血や肉など、体の組織をつくるはたらきをするたんぱく質が豊富です。とくに大豆は、とうふや厚揚げ、がんもどきなど、いろいろなすがたでおかずとしてつかわれています。

煮豆

ひとばん水につけた花豆をゆで、さとうと少しのしょうゆで味つけして、煮ふくめる。

> えだ豆はさやのままお弁当に入れてもいいけど、写真のように豆を取りだしてピックにさしてもいいね。

えだ豆

さやごとしおでもみ、しおを多めに入れた湯でゆでる。

厚揚げのしょうゆ焼き

食べやすい大きさに切った厚揚げをフライパンで焼き、しょうゆで味をつける。

> 「煮ふくめる」や「ふくめ煮」というのは、たっぷりの煮汁で、味がしみこむまでやわらかく煮ることや、そうした料理のことだよ。

がんもどきのふくめ煮

がんもどきを、しょうゆ、さとう、みりん、だしで煮る。がんもどきは、つぶしたとうふに小さく切った野菜などを入れ、揚げたもの。

ちょっとごうかにしてみよう！

天ぷらの具をふやしたり、ごはんに工夫をしたりして、ちょっとごうかなお弁当にしてみましょう。

天丼風弁当

レンコンのはさみ揚げのほかに、カボチャ、ナス、マイタケも天ぷらにする。お弁当箱にうすくごはんをしき、その上に天ぷらをたっぷりとのせれば、天丼風のお弁当に。だし、しょうゆ、みりんを3：1：1であわせてさとうを少し加えたつゆをかけて食べる。

天ぷらばかりだとあきやすいので、漬けものなどさっぱりしたおかずをそえたり、べつの容器でサラダや果物をもっていったりするといいね。つゆもべつの容器でもっていこう。

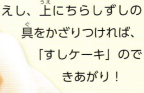

ちょっとむずかしいけれど、チャレンジしてみよう！

すしケーキ弁当

お弁当箱に、酢めし→さくらでんぶ→酢めし→いりたまご→酢めしの順につめ、おしかためる（酢めしのつくり方はp23）。食べるときに、ふたの上に中身をひっくりかえし、上にちらしずしの具をかざりつければ、「すしケーキ」のできあがり！

筑前煮弁当

みんなで食べよう

筑前煮は、とり肉や根菜などをいため、あまみのあるしょうゆダレで煮つめたおかず。重箱につめてみんなで食べよう。

筑前煮のつくり方

材料（4人分）

とりもも肉 …… 1枚	ゴボウ …… 1/2本	★酒 …… 100mL
ほしシイタケ（水でもどしたもの） …… 4枚	レンコン …… 1節	★さとう …… 大さじ10
こんにゃく …… 1/2枚	ニンジン …… 1/2本	しょうゆ[1] …… 大さじ4
サトイモ …… 4個	サラダ油 …… 大さじ2	しょうゆ[2] …… 大さじ4
	★だし …… 1000〜1200mL	インゲン …… 8本

栄養ワンポイント ほしシイタケには、生のシイタケにくらべてビタミンDなどが多くふくまれていて、カルシウムの吸収

1 とりもも肉を一口大に切る。
ほしシイタケを半分に切る。
こんにゃくをスプーンで食べやすい大きさにちぎる。

2 サトイモの皮をむき、さっとゆでて、水であらう。
ゴボウ、レンコン、ニンジンの皮をむく。
ゴボウは乱切り（→p30）に、
レンコンは厚さ7～8mmの半月切り（→p30）にする。
ニンジンは厚さ1cmの輪切り（→p30）にして、
型ぬきでぬく。

> これはサトイモのぬめりを取るためだよ。

3 ❷とこんにゃくを、なべで2～3分下ゆでする。

4 べつのなべにサラダ油をひき、
中火で❶のとりもも肉を軽くいためる。
❸でゆでた材料とほしシイタケを入れていため、
★を加える。
おとしぶた（→p13）をして強火で煮こむ。

> おとしぶたをする前に、おたまでアクを取ってね。

5 煮汁が半分になったら、
しょうゆ①を入れてさらに煮こむ。

6 煮汁がさらに半分になったら、
しょうゆ②を入れて、
かきまぜながら照りを出す。

7 最後に、しおゆで*したインゲンをちらす。
＊ふっとうした湯にしおをひとつまみ入れ、材料をゆでること。

> 筑前煮は、もともとは福岡県や佐賀県の郷土料理で、「がめ煮」という。今では全国的に食べられているよ。

お弁当こんだて例

筑前煮
- 太巻き（→p22）
- ポテトサラダ（→魚の巻）
- ニンジンのレーズンあえ（→魚の巻）
- ちくわのいそべ天ぷら（→魚の巻）
- とりのから揚げ
- 厚揚げのしょうゆ焼き（→p18）
- うずらのたまご
- ウィンナー（→肉の巻）
- ブロッコリー
- ミニトマト
- フルーツジュレ（→p7）

筑前煮弁当

をよくします。もどし汁にも栄養素がたっぷりとけだしているので、だし汁に加えてつかいましょう。

ごはんの形を工夫してみよう

手でもって食べられて、いろどりもよい太巻きは、お弁当にぴったり。ほかにも、ごはんの形を工夫してみましょう。

このページのごはんは、すべて酢めしだよ。つくり方は右ページを見てね。

太巻き
巻きすにのりと酢めし、具材をのせて巻く。くわしいつくり方は下を参照。

ちゃきんおにぎり
ラップの上にカニ風味かまぼこや、のり、うすく焼いたたまごをのせ、丸めた酢めしをおいて丸くにぎる。

中身はかんぴょうの煮ものやなっとうでもおいしいよ！

細巻き
巻きすにのりと少なめの酢めし、キュウリまたはたくあんをのせ、巻く。

ミニレシピ 太巻き

材料（1本分）
- 酢めし……200g
- のり……全形1枚
- 具材（たまご焼き、キュウリ、シイタケの煮もの、カニ風味かまぼこ、かんぴょうの煮もの、さくらでんぶ）

つくり方
1. キュウリ、たまご焼きを細長く切る。シイタケはうす切りにする。
2. 巻きすにのりをのせ、酢めしをうすくひろげる。奥は少しあけておく。
3. 酢めしに具材をのせる。
4. 具材全体をつつむように、巻きすごとひと巻きする。
5. 両手で巻きすをおさえて、形をととのえる。
6. 巻きすを取り、ぬれぶきんでふいた包丁で、食べやすい大きさに切る。

奥側の酢めしを少し高くもると、巻いたときに具がうまく中心にくるよ。

うら巻き

巻きすにラップをしき、のり、酢めしをしいて、ごま、さくらでんぶをふりかける。のりをもってひっくりかえし、のりの上に具材をのせて、巻く。

酢めしのつくり方

ちらしずしや巻きずしのときは、ごはんに酢をまぜた「酢めし」をつかいます。酢には防腐効果があるので、酢めしはいたみにくいという特徴があります。つくり方はつぎのとおりです。

ごはん……5カップ
米酢……100mL
さとう……大さじ3
しお……大さじ1

1. 米酢、さとう、しおをまぜあわせる。
2. たきたてのごはんを大きめのボウルに入れ、1をまわしかける。
3. しゃもじでごはんを切るようにまぜる。
4. 全体にまざったら、ごはんをひろげて、うちわであおいでさます。

> 酢をすわせるので、ごはんは少しかために たくといいよ。ごはんがたきたての あついうちにまぜないと、ベタベタになってしまい、酢の味もつかないので注意しよう！

きれいにもりつけるコツ

ちょっとしたもりつけのコツで、お弁当がよりおいしそうに見えます。下のようなことに気をつけてみましょう。

● **色あざやかなおかずを目立たせる**
ミニトマト、ブロッコリーなど、色があざやかなおかずは、目立つようにもりつける。

● **となりあう色を考える**
にた色のおかずがとなりあっていると、いろどりがわるく見えるので、ちがう色のおかずをあいだに入れる。

● **方向をそろえて入れる**
インゲンなど、細長いものは、向きをそろえて入れると、きれいに見える。たまご焼きなども、2つ以上入れるときは、おなじ向きで入れるとよい。

● **色味のあるものが見えるようにもる**
p13の山菜おこわなら、トウモロコシがよく見えるようにもりつけるなど、いろいろな食材がまざっているものは、色味のあるものを上に出して、見えるようにする。

筑前煮弁当

野菜もお肉も食べよう

アスパラガスの肉巻き弁当

アスパラガスの肉巻きは、お弁当の定番おかず。
アスパラガスの歯ごたえをたのしもう。

アスパラガスの肉巻きのつくり方

材料（2人分）

アスパラガス……6本	★しょうゆ……50mL	★酒……大さじ2
牛ロース肉（うす切り）……150〜200g	★みりん……50mL	サラダ油……大さじ1
	★さとう……小さじ2	

栄養ワンポイント　アスパラガスには白いものと緑のものがありますが、緑のほうがたんぱく質やビタミンB₂、食物せんい

1 アスパラガスの根もとを5mmくらい切りおとす。根もとから2〜3cmのかたい皮をピーラーでむき、しおゆで*して冷水につける。　*ふっとうした湯にしおをひとつまみ入れ、材料をゆでること。

2 牛ロース肉をひろげ、アスパラガスをのせて巻く。

3 ★をあわせておく。

肉がくっつくまでは転がさないようにしよう！はがれてきてしまうよ。

4 フライパンにサラダ油をひき、2を肉の巻きおわりを下にして中火で焼く。巻きおわりがくっついたら、転がしながら焼く。

最後に食べやすい長さに切ってね。

5 肉全体に焼き色がついたら、3を入れてからめ、煮汁がなくなるまでいためる。

アスパラガスの肉巻き弁当

お弁当こんだて例

アスパラガスの肉巻き	酢レンコン
きのこのたきこみごはん	ミニトマト
野菜入りオムレツ（→p6）	きぬさや
ちくわとキュウリの明太子あえ（→魚の巻）	オレンジ
	ブドウ

が豊富で、栄養価にすぐれています。

新じゃがとベーコンの煮もの弁当

ほくほくの新じゃが

新じゃがとベーコンは相性ばつぐん。うめぼしを入れることで、さっぱりした味になるよ。

栄養ワンポイント　ジャガイモは黄色、むらさき、だいだい色など種類が豊富。ビタミンCが多くふくまれています。新

お弁当こんだて例

- 新じゃがとベーコンの煮もの
- カリカリうめと大葉のまぜごはん
- パプリカとじゃこのいためもの
- 煮豆（→p18）
- ブロッコリー
- ミニトマト
- ブドウ

新じゃがとベーコンの煮もののつくり方

材料（2人分）

新じゃが……400g	だし……500mL
ベーコン（かたまりのもの）……150g	さとう……大さじ2
うめぼし（指でつぶして種を取る）……1/2個分	しょうゆ……大さじ1

1 新じゃがをよくあらい、皮つきのまま一口大に切って水にさらす。

2 ベーコンを食べやすい大きさに切る。

3 なべにだしを煮たて、新じゃが、ベーコン、うめぼし、さとうを入れ、強火で5分ほど煮る。

4 しょうゆを加え、中火にしてさらに5分ほど煮る。新じゃがに竹ぐしをさしてみて、すっと通れば完成。

水にさらすことで、新じゃがのアクがぬけるよ。

新じゃがが煮くずれないように、あまりかきまぜないようにしよう！

「新じゃが」って？

新じゃがは「新ジャガイモ」の略で、春先に収穫されて、すぐに出荷されるジャガイモをさします（ふつうのジャガイモは収穫されてから一度貯蔵される）。皮がうすく、みずみずしいのが特徴です。おなじように、春先に収穫され、すぐに出荷されるタマネギは「新タマネギ」とよばれます。からみが少なく、生で食べるのにも適しています。

じゃがは、水分が多くてやわらかく、香りがよいです。

お弁当もの知りコラム

「お弁当箱屋さん」を見てみよう

近年、日本のお弁当箱が、海外から注目されています。
お弁当箱をつくったり売ったりしている、「お弁当箱屋さん」に注目してみましょう。

「お弁当箱屋さん」といっても、お弁当箱を製造するメーカーもあれば、ほかの会社が製造したお弁当箱を売る店もあります。それぞれ、お弁当をつくったり食べたりするのがよりたのしくなるよう、いろいろな工夫をしています。

お弁当箱を世界に発信

フランス人のベルトラン・トマさんは、京都への留学がきっかけで、2003年に日本に移住。日本で衝撃を受けたのが、色も形もさまざまなお弁当箱でした。フランスでは当時、持参した昼食はタッパーや袋に入れるのがふつうだったからです。トマさんは、日本のお弁当箱を世界中の人に知ってもらおうと、2008年にお弁当箱を販売するインターネットショップ「Bento&co」を立ちあげました（2012年には京都市内に店をオープン）。日本製のお弁当箱は、電子レンジがつかえるものなど、機能性が高く、品質がよいと人気だといいます。

たくさんのお弁当箱がならぶ店内。日本製のお弁当箱だけでなく、海外製のものも取りそろえている。

京都市にある店舗。

ベルトラン・トマさん。

お弁当箱のイメージを一新

1990年からお弁当箱を製造する「たつみや」という会社は、2段のお弁当箱や、カラフルなお弁当箱など、多彩なお弁当箱をつくってきました。たつみやがお弁当箱をつくりはじめた当時多かったのは、「ドカ弁」とよばれる四角くて大きな1段のお弁当箱。かわいくて持ち運びやすいお弁当箱は、お弁当をより身近な存在にかえたのです。その後、たつみやは、プラスチックで木の風合いを再現したお弁当箱も開発しました。

海外から人気があるのは「こけし弁当」。かわいいキャラクターで人気を集めているといいます。

木のように見えるが、プラスチックでできているお弁当箱。

保温ができるお弁当箱を開発

つくったあと時間がたってから食べるお弁当は、さめているのがふつうです。それをくつがえしたのが「まほうびん」をつかった、保温・保冷ができるお弁当箱でした。「まほうびん」とは、真空の二重構造になっていて、保温や保冷にすぐれた容器のこと。水とうなどをつくっていたサーモスという会社は、まほうびんの技術をお弁当箱に応用。「あたたかいものをあたたかいまま、冷たいものを冷たいまま食べられる」と、世間をおどろかせました。

保温・保冷ができるお弁当箱。たて長の容器がまほうびんになっている。

こけし弁当。頭の部分がおわんとしてつかえる。

スプーンなどで具をすくえるように口がひろくなった、持ち運び用のスープ容器も開発した。

お料理基礎知識 — 野菜の切り方

輪切り
ニンジンなどを、断面が丸くなるように切る。

半月切り
ニンジンなどをたて半分に切り、断面が半月の形になるように切る。輪切りの半分の大きさ。

いちょう切り
たて半分に切ったニンジンなどをさらにたて半分にし、断面がいちょうの葉の形になるように切る。半月切りの半分の大きさ。

たんざく切り
断面が長方形になるように切る。

千切り
細く切る。

くし形切り
半分に切ったタマネギなどを、放射状に切る。

みじん切り
①たて半分に切ったタマネギに、はしから切りこみを入れていく。このとき、刃先のほうのはしまでは切らないようにする。

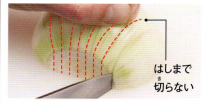

はしまで切らない

②タマネギを横向きにし、包丁をねかせて、水平に切りこみを入れていく。

③はしからこまかく切っていく。

乱切り
材料をまわしながら、ななめに切る。

さくいん

あ
味つけたまご ………… 4、6
アスパラガスの肉巻き … 24、25
厚揚げのしょうゆ焼き … 18、21
いちょう切り ……………… 9、30
インゲン ………………… 13、20
ウィンナー ……………… 10、21
うめぼし …………………… 27
うら巻き …………………… 23
えだ豆 ……………………… 18
エビ ………………………… 17
おとしぶた ……………… 13、21

か
カニウィンナー …………… 10
カニ風味かまぼこ ………… 22
カボチャ …………………… 19
かんぴょう ……………… 12、22
がんもどきのふくめ煮 …… 18
きぬさや ………………… 9、25
キャベツのしおコンブあえ … 14
キュウリ ………………… 14、15、22
キュウリの浅漬け ……… 8、15
牛ロース肉 ………………… 24
くし形切り ………………… 30
果物 ……………………… 7、19
ゴボウ ……………………… 20
ごま ……………………… 10、14、23
こんにゃく ………………… 20

さ
さくらでんぶ …………… 19、22、23
サトイモ …………………… 20
3色のお皿 ………………… 11
ジアスターゼ ……………… 8
シイタケ ………………… 20、22
しおコンブ ………………… 14
しおゆで … 6、9、12、21、25
脂質 ………………………… 11
しば漬け …………………… 14
ジャガイモ ……………… 26、27

た
しょうが ………………… 5、12、15
食物せんい ………………… 24
新じゃがとベーコンの煮もの … 26、27
すしケーキ弁当 …………… 19
酢めし …………………… 19、22、23
ゼリー ……………………… 7
千切り …………………… 14、15、30

大根 ……………………… 8、9、14
大根と手羽先の煮もの …… 8、9
たくあん ………………… 8、14、22
タコウィンナー …………… 8、10
たまご（ときたまご、いりたまご）
 …… 6、7、12、17、19、22
たまご焼き ……………… 6、16、22
たんざく切り ……………… 30
炭水化物 …………………… 11
タンニン …………………… 17
たんぱく質 ……………… 6、11、18、24
チーズ …………………… 4、6、10
筑前煮 ………………… 13、20、21
ちゃきんおにぎり ………… 22
天丼風弁当 ………………… 19
トマト ……………………… 6
とりの手羽先 ……………… 9
とりひき肉 ………………… 12
とりもも肉 ………………… 20

な
長ネギ ……………………… 12
ナス ……………… 4、5、14、15、19
ナスとピーマンのみそいため … 4、5
ナスニン …………………… 4
煮豆 ……………………… 18、27
ニンジン ………………… 13、20
にんにく …………………… 5
のり ……………………… 6、22、23
のり入りたまご焼き ……… 6

は
白菜 ………………………… 12

は（続き）
花豆 ………………………… 18
パプリカ …………………… 6
ハム ……………………… 6、10
ハムの花 …………………… 10
ハムのバラ ………………… 10
半月切り ………………… 21、30
ピーマン …………………… 5、6
ビタミン …………………… 11
ビタミンC ……… 7、8、12、26
ビタミンD ………………… 20
ビタミンB₂ ………………… 24
必須アミノ酸 ……………… 6
ぶたもも肉 ………………… 5
太巻き …………………… 21、22
フルーツジュレ ………… 7、21
ブロッコリー … 6、13、21、27
ブロッコリーとトマトのいりたまご
 ………………………………… 6
ベーコン ………………… 6、27
ほしシイタケ ……………… 20
細巻き ……………………… 22

ま
マイタケ …………………… 19
巻きす …………………… 12、22、23
みじん切り ………………… 30
ミネラル …………………… 11

や
野菜入りオムレツ ……… 6、25
ゆでたまご ……………… 6、7、10
ゆでたまごひよこ ………… 10

ら
乱切り …………………… 21、30
レンコン ………………… 16、17、20
レンコンのはさみ揚げ
 ………………………… 16、17、19
ロール白菜 ……………… 12、13、15

わ
輪切り …………………… 15、17、21、30

- **監修／服部栄養料理研究会**

  服部流家元・学校法人服部学園常任理事の服部津貴子氏が会長をつとめる、栄養と料理の研究会。料理クラブ「HATTORI キュイジーヌクラブ ルナラパン」の運営や、食育の普及活動などをおこなっている。監修に「食育基本シリーズ」全5巻（フレーベル館）など。服部津貴子氏の著書としては、『Q&A 季節の食育』（岩崎書店）、『だれにもわかる食育のテーマ50』（学事出版）など多数。

- **料理指導／一枚田清行（いちまいだ・きよゆき）**

  1968年生まれ。服部栄養専門学校を卒業後、「関西料理いらか」にて修業をする。1988年、服部栄養専門学校に入社して、日本料理を専攻。「なだ万」帝国ホテル店や「つきぢ田村」などで研修ののち、中国天津商業大学・裏千家茶道短期大学で日本料理の講師も務める。2005年には、イタリアで行われた「国際マグロ料理コンテスト」で優勝。フジテレビ「とんねるずのみなさんのおかげでした」の「食わず嫌い王決定戦」などテレビ番組の料理も担当。2016年現在、服部栄養専門学校の日本料理主任教授。

- **企画・編集／こどもくらぶ（中嶋舞子、原田莉佳）**

  「こどもくらぶ」は、あそび・教育・福祉分野で子どもに関する書籍を企画・編集しているエヌ・アンド・エス企画編集部の愛称。図書館用書籍として、毎年100タイトル以上を企画・編集している。主な作品に「なりたいな料理の名人」全10巻（岩崎書店）、『ポプラディア情報館 世界の料理』（ポプラ社）、「和食のすべてがわかる本」全4巻（ミネルヴァ書房）、「世界遺産になった食文化」全8巻（WAVE出版）など多数。

- **装丁・デザイン** 長江知子　　■ **DTP制作** （株）エヌ・アンド・エス企画

> この本の情報は、2016年11月までに調べたものです。
> 今後変更になる可能性がありますので、ご了承ください。

- **料理撮影**

  黒部徹

- **協力**

  学校法人服部学園・服部栄養専門学校・服部栄養料理研究会

- **服部学園・協力スタッフ**

  西澤辰男、森寛貴、木下雄介（以上調理技術部）、大野文彦（技術支援部）、稲毛順子（栄養指導研究室）

- **お弁当箱協力**

  株式会社たつみや
  弁当箱専門店 Bento&co
  サーモス株式会社

つくってみよう！　和食弁当　WASHOKU BENTO　野菜のお弁当

初版　第1刷　2017年1月27日

監　修	服部栄養料理研究会
料理指導	一枚田清行
編	こどもくらぶ
発　行	株式会社 六耀社
	〒136-0082　東京都江東区新木場2-2-1
	電話　03-5569-5491　FAX　03-5569-5824
発行人	圖師尚幸
印刷所	シナノ書籍印刷株式会社

©Kodomo kurabu, 2017　NDC596　266×215mm　32P　ISBN978-4-89737-864-0　Printed in Japan

落丁・乱丁本は、購入書店名を明記の上、小社営業部宛にお送りください。送料小社負担にて、お取り替えいたします。